中山出版
ZHONGSHAN PUBLISHING
香山承文脉 好书读百年

Hello，咀香园

李　莹　文

张　玲　绘

SPM
南方出版传媒
广东人民出版社
·广州·

图书在版编目（CIP）数据

Hello，咀香园 / 李莹文；张玲绘. -- 广州：广东人民出版社, 2018.6
（“Hello，中山”手绘漫画系列）
ISBN 978-7-218-12906-8

Ⅰ. ①H… Ⅱ. ①李… ②张… Ⅲ. ①食品企业—企业史—中山—图集
Ⅳ. ①F426.82-64

中国版本图书馆CIP数据核字(2018)第116248号

HELLO, ZUI XIANG YUAN
Hello，咀香园　　李 莹 文 张 玲 绘

出 版 人：肖风华

责任编辑：李锐锋　吴锐琼
装帧设计：陈宝玉

统　　筹：广东人民出版社中山出版有限公司
执　　行：何腾江　吕斯敏
地　　址：中山市中山五路 1 号中山日报社 8 楼（邮编：528403）
电　　话：（0760）89882926　（0760）89882925

出版发行：广东人民出版社
地　　址：广州市大沙头四马路10号（邮编：510102）
电　　话：（020）83798714（总编室）
传　　真：（020）83780199
网　　址：http://www.gdpph.com
印　　刷：广州市岭美彩印有限公司
开　　本：787mm × 1092mm　1/32
印　　张：3.25　　字　　数：30千
版　　次：2018年6月第1版　2018年6月第1次印刷
定　　价：29.80元

如发现印装质量问题影响阅读，请与出版社（0760-89882925）联系调换。
售书热线：（0760）88367862　邮购：（0760）89882925

序

百年来的中国企业真有点像“你将唱罢我登台”式的舞台表演，前赴后继地生生灭灭，尤其是近四十年来，各种各样国有、私有、集体所有的新式企业，更是走马灯似地变来换去，始终是新鲜的面孔。改革开放初期崛起的那些颇有影响的企业今天已所剩无几，有的也难以为继，真正称得上百年老字号、老品牌的老企业至今并不多见。

但是，在东方的日本和西方的德国，百年企业的存在并不是新鲜事。日本全国有百年老店十万家以上，其中两百年以上历史的老店有三千多家。他们大多从事酿酒、和式甜点、酱制品、服装业、不动产业、旅馆业，还有各种各样的制造业。单是东京，就有百年以上的著名老店两千多家。最新研究发现，当今全球共有 5586 家公司超过两百年历史，其中日本 3146 家、德国 837 家、荷兰 222 家、法国 196 家、中国 16 家、美国 14 家、印度 3 家。

在德国 350 万个企业中有百年企业八百余家，而且

90% 由家族经营。德国最大的 100 家家族企业，平均年龄超过 90 岁，皆是名副其实的百年老店。特别引人注目的是，在众多的中小企业中，有 1400 个左右是“隐形冠军”，被称为“散落在德国各地的珍珠”。在全世界 3500 个隐形冠军中，德国企业占到了近一半的比例，主要集中在医疗技术、环境、专用设备、化工、电子设备等领域。

这些被称为隐形冠军的企业战略有一个共同的特性：采用“利基”战略，专注某个狭小领域，逐渐形成持久的竞争优势；以质量为导向，高度注重产品核心质量和价值，精益求精地制造产品；注重技术革新，提供解决问题的专有技术，组织个性化生产；专注客户维护，有固定的客户群，有优秀的售后服务，与客户之间建立了充分的信任度。正是这些技术创新遥遥领先于同行的隐形冠军，为德国经济和品牌建设的成功奠定了坚实基础。

日本和德国的大中小企业，能够成为百年老企业，主要原因在于他们的执着坚守和精益求精的工匠精神，在于他们技术创新、诚信经营和顾客至上的企业家精神。中国历史上也有过自己的工匠精神，也有过自己的百年老店，但与日本、德国、荷兰和法国相比，则有相当大的距离。这不仅是文明古国之殇，也是今日中国之痛。

纵观古今中外的历史， 就会发现大凡百年老店，一般都有一个令人骄傲的响亮字号和为人津津乐道的名优品牌。这些响亮字号和名优品牌也不是凭空捏造和大吹大擂而来的，而是企业家长期坚守、用心培育和苦心经营的结果。尤其是这些商品都是独一无二、天下就此一家的。它们大都经过上百年的锤炼，已经达到炉火纯青的境界，其中的技术含量和长年积累的秘诀，使他人可望而不可及。老店用的是大门不出的祖传秘方，使用的是找遍天下得来的最好原材料。

凡百年老店都十分重视人才的培养和代际更替中的职业传承与文化坚守。这些老店往往子承父业，代代相传，让孩子从小耳濡目染，培养爱店精神和荣誉感。即便有的年轻人从学校毕业之后，在外面闯荡几年再回来继业，也不会感到陌生。百年老店里有很多大师级的能工巧匠，他们心怀敬业精神，干起活儿来总是兢兢业业、一丝不苟，使得店里精湛的技艺能够顺利地薪火相传。

中山市咀香园食品有限公司（简称咀香园）今年正值百年华诞，也就是说，中国老字号的阵容里增添了一名新兵，世界百年老店排行榜上又多了一个中国品牌。地处南国边疆的咀香园，见证了百年中国的历史巨变，也经历了百年嬗变中的阵痛和周折，仍然在不断地创新和改革中稳步前进。像绝大多数低调而又实干的中山人那样，咀香园也在激烈的市场竞争中，“弄潮儿向涛头立，手把红旗旗不湿”（宋潘阆《酒泉子》），不仅在同行业中独占鳌头，而且在上海世博会上大放光彩。

遗憾的是，中山人对咀香园的了解仍然停留在过去的记忆上，外来的游客和暂居中山的人对咀香园的认识也仅止于表象。随着生产方式和经济社会变革而来的是人们消费观念与饮食习惯的改变，咀香园曾经奉献给海内外乡亲们的传统味道已经成为美好的记忆。新时代、新经济、新人类需要好企业、好产品、好品牌，咀香园恰恰在体制机制转轨过程中找准了位置，明确了方向，在坚守传统中不断创意创新，形成了“诚、勤、俭、礼、善、和”的企业文化和企业家精神，不仅创造性地继承了企业的传统文化，而且创新性地拓宽了企业的发展空间，实现了从传统店铺向现代企业的华丽转身。

“看似寻常最奇崛，成如容易却艰辛。”（宋王安石《题张司业诗》）咀香园的奋斗历程，也是中山人艰苦创业的历史缩影。追寻咀香园的历史足迹，了解咀香园的前世今生，讲述咀香园的成长故事，探求咀香园的成功奥秘，就是一次文化的熏陶，就是一次思想的教育，就是一次情感的操练，就是一次精神的洗礼，就是一次境界的提升。

尽管《Hello，咀香园》讲述的是鲜为人知的人物和故事，关注的是活动的场景、故事的细节和人物的表现，注重的是叙述的话语、表现的形式、承载的内容、读者的立场，但是通俗易懂而又妙趣横生，深入浅出而又意味无穷。我相信，《Hello，咀香园》的出版，无疑会极大地满足广大读者的需求，达到出版者预期的目的。

中山市社会科学界联合会主席｜胡波

2018 年 6 月

目录

油

牛角巷的香气

清光绪三十二年（1906）的中国像一列油漆斑驳的火车。外强中干的清王朝，风雨飘摇。荒谬和暴风雨在黑夜中潜藏，没有人知道这列火车将开向何方。或许，它不慌不忙的样子让许多人相信，平静安稳的日子和头顶的月亮、星星一样是永恒不变、理所当然的。

萧老爷也是这样相信着的。他祖辈生活的香山，濒临南海。从孩提时代就非常熟悉的街巷，眼前庭院深深的老宅，马蹄哒哒的石街，似乎都在回味这个小城镇八百多年的时光。萧家大屋黑漆大门的肃穆映衬着对联“忠厚存家，诗书继世”；大门内高大的影壁上中嵌“迎祥”两个大字；左行便是一个大庭院，而北屋是一个敞厅。南国园林的情调鲜明如斯。甬道、曲径、回廊两旁栽满花草，厅堂四周摆满古色古香的酸枝家具，正中墙上挂着身穿清代朝服的萧氏先人的遗像，这些难免让人感叹：诗书世家不是单纯的富贵之家可比的。

如果时间有声音，这一天对于萧老爷来说是满溢的鞭炮声；如果时间有脸孔，穿梭其中的是达官贵人；如果时间甚至有情绪，羡慕、失落、愤懑会在石岐牛角巷的不同窗口探出。这一天，县城名门望族萧家大摆萧老爷儿子萧大少的满月酒，赴宴的都是非富则贵的人物，尤其是香山知县覃寿堃大人。覃大人祖籍广西，满腹经纶，文墨诗画样样精通，在香山主政，德才兼备。萧老爷心中有数，美食、美器于文人雅士的宴席中必不可少，除此之外，还需另有名堂。于是，他设“猜谜夜宴”，一道菜一个谜面，隐藏着一个谜底，谜底都是一句成语。

○ 萧老爷祖辈生活的香山，濒临南海

○ 清朝时期的香山街巷

○ 不一会，一桌菜就上齐了

“你来猜猜这道菜！”覃知县指着一道菜问萧老爷，盘子里是一条白鳝和一只乳鸽。“龙争虎斗？”萧老爷卖了一个关子。丝绸店老板吴桐摇了摇头。在知县大人的催促下，萧老爷灵光一闪，说：“这道菜叫腾蛟起凤！”众人都称赞道：“天衣无缝。”

有时，猜谜的乐趣不在于猜中谜底，而在于你来我往的言语相对。覃知县又指向另外一道菜，让大家来猜。众人一看，盘子里有鲩鱼、栗子、兰草。米铺王老板推了推眼前的老花镜，说：“栗子鲩鱼！”顿时哄堂大笑。最后还是才智过人的覃知县一语中的：“油炸过的兰草，像乱麻一样，再加上栗子、鲩鱼，合起来就是力（栗）挽（鲩）狂澜（兰）！”……

陈酒三杯下肚，觥筹交错，话就开始多起来了。萧老爷的堂哥萧策勋指着一道名叫“明珠鲍玉”的菜，起了说故事的头儿。当然，这

○ 腾蛟起凤

○ 力挽狂澜

些故事更像是“清宫秘史”。

河南民间的一位渔家姑娘冯艳珠从未想过自己会与后来的雍正帝邂逅。但在以后的岁月中，雍正缺席了。回宫当皇帝后，他渐渐遗忘了她。半年后，冯艳珠为雍正诞下龙凤胎，男孩取名包玉，女孩取名明珠。冯艳珠不甘心。待孩子长大后，她毅然变卖家产，揣着信物，带着儿女千里迢迢进京寻找丈夫。抵京后，她悲喜交加：得知自己的心上人就是当今的万岁爷，但他并没有把自己放在心上。幸而她遇见一位同情自己遭遇的客栈老板。老板安排她与御厨见面。御厨心地善良，答应帮助冯艳珠。一天，御厨端上一道陌生的美味。品尝后，雍正十分满意。当御厨告知此为“掌上明珠鲍玉”时，雍正回忆如泉涌。往日青春，往日笑脸，昔日伊人，都在提醒他当年给冯艳珠留下的话语：“日后生子名包玉，生女叫明珠。”雍正心动了。最终他召冯艳珠进宫团聚。“明珠鲍玉”一菜也成了情人纵使分隔亦能团聚的代表。

旋即，另一道菜“清炖熊掌”端了上来。皇上为使因病不能编修清史的朝廷总撰修袁老大人早日康复，特意从东北上贡的熊掌中，赏了一小箱给袁大人治病的故事，又在众人口中流传……

酒席尾声，杏仁饼登场了。它是萧家看似不起眼的执着，是穿梭百年的时光味道。

烤得金黄香脆的杏仁饼一上桌，立刻香气袭人，充溢整间屋子。覃知县一边看着，一边赞叹：“好香！”萧老爷听了，心里油然生出

○ 清炖熊掌

○ 烤得金黄香脆的杏仁饼

自豪感——杏仁饼是他心爱的侍妾潘梳女亲手制作的点心，其外形似杏仁，是用上好的绿豆粉和糖夹着冰肉片做成的香山民间传统特色小饼。萧老爷连忙递上一个杏仁饼给覃知县。“好吃，实在好吃，里面到底放了什么，这么甘香松脆？”覃大人拿起就吃。“绿豆粉、肥猪肉，还有糖。”说完，萧老爷还顺手掰开了一个饼给覃大人看。

“萧老弟，你的夫人真是出得了厅堂，下得了厨房。不但人美，而且可以将普普通通的绿豆饼做得这么美味！”

在覃大人兴高采烈之时，萧老爷趁机说：“覃大人今天能够大驾光临，令我们蓬荜生辉。您又对杏仁饼赞赏有加，敝人有个不情之请，不如大人留下墨宝以作纪念，何如？”覃大人亦不推辞，略为思索后，在宣纸上写下“齿颊留香”四个大字。

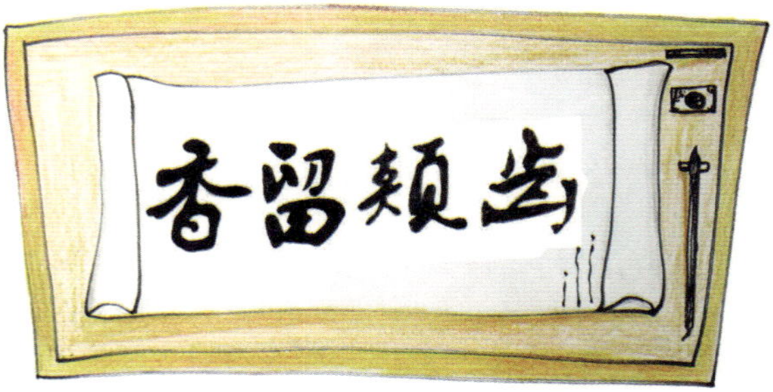

○ 覃知县手书的“齿颊留香”

啼笑姻缘

任何平静的现在都有一段坎坷纷乱的过去。萧老爷大概是最不喜欢自己的结婚纪念日的人。当年娶妻经历的快乐、沮丧、兴奋、茫然、失控、冷静融杂在一起，成了心中的五味瓶。

出生于清同治十三年（1874）的萧老爷，在萧家丰厚的田产、房产滋养下，幼年锦衣玉食，养尊处优。而后，萧家繁荣渐散，家庭惹上官司，生活开始走下坡路。发奋取得功名，挽回衰落家族颜面的故事并没有发生在萧老爷的身上。科举的屡次失败让他难以释怀。他心有不甘，决心寒窗苦读，拒绝谈婚论嫁。但从此时开始，我们的主角萧老爷，曾经独自面对的人生有了重大转折——那天，石岐著名的媒婆三姑颠着小脚来到萧家大屋，张罗着要为萧老爷说媒……

一个秋高气爽的十月天，萧老爷早早起床，一路赶向距离石岐十里路的隆都。一心瞧瞧未来新娘子的好奇与忐忑已经冲淡他彻夜未眠的疲惫，他只顾闷头直奔目的地。清溪桥下有一栋房子，那是林万章的家。隆都林万章是村里大地主，家中有八十亩地。林家大小姐正值青春年华，二十出头，面若桃花，知书识礼。这些信息，经过三姑的描述，都变得那么生动明晰。三姑向萧老爷描绘了一个娶到贤妻，又得到田产的美好图景，并且告诉他如何前往林万章的家。

萧老爷一路走到清溪桥下，河边大片稻田，一排排青瓦白墙的房子，像一只只眼睛，凝望着萧老爷。他连忙搜索记忆中的地图，走到了厢房。“正中是客厅和正房，两边是厢房，西厢房会有人在织布，那个人就是林家大小姐。”

“咔嚓咔嚓”，织机和梭子来回穿插发出的声音吸引了萧老爷。但他不敢贸然靠近，只能小心翼翼地假装从西厢房门前的土路上走过。他一边挪动，一边又努力扭脖子，以使自己能看清楚织布的姑娘。水绿色襟衫，粉红色长裙，最初的颜色冲击已经令萧老爷无法挪动眼睛——他从未见过这样的香山女子。尽管西洋之风已经开始沉潜澳门街头，一些摩登女郎穿上了带镂空花边的洋纱裙，但香山的女子多半仍是老土布裙的渔家穿着。而当他看见白皙的脸蛋，衬着尖尖的下巴，红润的嘴唇恰如其分地点缀其中，一条乌黑细长的辫子直拖到水绿色襟衫宽松包裹着的腰际，他感觉到有一种玫瑰色的朦胧隐匿在这个身体里，世界在它的光晕里倒退。

多年后，萧老爷时常回想起这个清晨。他永远无法忘记着水绿色襟衫的她。世间的温柔幽深地盛放，这种无人能涉足的甜蜜足以支撑他经历雨水和火焰。

○ 水绿色襟衫，粉红色长裙，萧老爷已经无法挪动眼睛，仿佛伊人正面对着自己

○ 元宵节的石岐街头，
华美、幸福、亮丽，鼓乐绕耳

婚事就这样定下来了。在三姑的撮合下，萧老爷在心里已经同意了这门亲事。萧老爷给林万章家准备了一份一般石岐人家无法想象的厚重礼金。未来岳父笑得满脸带花，一口承诺要用他八十亩稻田里的二十亩给他的大女儿做嫁妆。这个承诺，萧老爷听过三次，三次都发生在到林家登门时。时年香山人家谈婚论嫁，自有一番规矩——三次登门女家。第一次是通脚，这是亲家来往的开始。第二次是裁缝，男方请裁缝师傅到女方家，为未来媳妇做几身衣裳。第三次是定亲。萧老爷是个聪明人，他在通脚和裁缝时，出手阔绰不凡。心中早已打好如意算盘的林万章，从心眼里就认定了这个女婿。“婚期就定在次年元宵节吧。”林万章满脸笑意，心中暗暗叹了一口气，定下婚期，终于了结了他的一桩心事。

那一年元宵节，宣统登基不久，石岐街头华美、幸福、亮丽，鼓乐绕耳。萧老爷在年关前就布置好新房，订下宴席，早早给亲朋好友广发邀请，只盼望着元宵节早日到来，好让他得以再见在眼前一闪而过，但心心念念的“水绿襟衫”。

元宵正日，兴冲冲地接完蒙着盖头的新娘，走在回石岐十里路上的萧老爷，看着路边的田野一带而过，心想这位一见钟情的女子即将与自己相伴到老，脚步越发加快。

夜晚掌灯时分，远客散尽，此刻留在新房的都是对新娘子芳容好奇的左邻右舍。萧老爷看着眼前的新娘，她的色彩像是碎为微尘的宝石光。她仿佛知道萧老爷将要揭开盖头，肩膀微微抖动着。于是，萧老爷屏住呼吸，伸出双手，小心翼翼地掀开挂着流苏的红绸盖头。“啊……”在盖

○ 萧家布置得喜气洋洋

头被揭开的瞬间，围观的人群中传来无法控制自己的惊呼声，欢乐洋溢的气氛在冬天的空气里瞬间冻结。萧老爷在新房的蜡烛光里显得闪烁而恍惚。脸色铁青的他，拨开乱哄哄的人群，落荒而逃。而床头，剩下了一张坑坑洼洼的麻点脸。众人的目光又齐刷刷地回到了新娘的脸上，她头上的凤冠头饰似乎愈发沉重，不然，她的脸上不会泛起一层又一层突显褐色麻点的红血丝。那一晚，萧老爷“出逃”，麻子新娘林秀琼独守空房的消息传遍了整个石岐城。

过了一段时间，萧老爷才想明白，自己被骗了。林秀琼是林万章家的千金大小姐，从小品性纯良，只不过小时候得过天花，落下了满脸麻坑。到了林秀琼出嫁的年龄，林万章想方设法买通了媒人三姑。那天，萧老爷到林万章家，正中林万章和三姑下怀，他们便上演了一出“掉包计”。他看到的织布姑娘不是林秀琼，而是林秀琼的贴身婢女潘梳女。她们两小无猜，即使潘梳女打小就是个美人胚子，天生敦厚的林秀琼也毫不在意别人的比较和挖苦，两人之间更多的是怜惜与陪伴。林家深知她们的感情，也知道潘梳女从小寄人篱下，懂得察言观色，不敢轻易违背老板和老板娘。于是，当林万章的妻子林钱氏拿来水绿色襟衣和粉红色百褶裙让她换上，坐在西厢房默默无声地织布时，她尽管满心疑惑，但还是顺从了。

林秀琼被一群小孩说是“麻子娘娘”，依然脸带温和笑容。

萧老爷的记忆就像长了脚一样，一想到这里，记忆里的脚无法动弹，更无法挪步。他懊悔陷入一场骗局，赌上自己的幸福。每天经过本该属于他和新娘子的新房时，他只能叹息着走开。而林秀琼独自度过了来到萧家的第一个夏天。她不再是新娘子，她现在是萧家的女主人。当她灰心丧气时，她就默默地安慰自己，就如同出嫁前一天，母亲鼓励她的：“不用怕，如果他嫌你丑，你心里看长远些。拿出一个女主人的身份替他料理家事，日子久了，周围的邻舍都说你好，他也是会知道的。”

○ 揭开盖头，麻子新娘出现在眼前

果然，大暑的这一天，晚上打烊后，萧老爷结账盘点，发现萧家的日子蒸蒸日上。又想起平日里，石岐城里的人都夸奖林秀琼说话大方得体，遇见他人有困难也会尽力帮助。即使有人恶意看她麻子脸的笑话，她的态度始终温和。萧老爷也是一个明白人，娶回来的这个人，除却脸上的麻子，真是一个好女人。此时，在大热暑天里，林秀琼辗转反侧，难以入睡，却看见萧老爷稍显迟疑、态度暧昧地走进了房间。萧老爷转身关上房门，一口气吹灭了油灯。在巨大的浪潮平息后，他们静静地躺在黑暗中，等待着天明。

○ 林秀琼被一群小孩说是“麻子娘娘”，依然脸带温和笑容

不久，林秀琼怀孕了。自从得知这个消息后，潘梳女的心情开始复杂起来。

那天在西厢房，潘梳女早早把未来姑爷高大挺拔的身影、一番潇洒态度的面容看在眼里。她知道，自己只是骗局里的一枚棋子，无法发作，只能默默忍受。当大小姐出嫁的时候，她不敢出厢房，只能透过落着窗板的厢房窗户缝偷偷观看。他站在客厅，露出满足的微笑，笑里还带着一丝孩子般的羞涩。潘梳女一转身，眼泪簌簌落下。后来，整个石岐城都在议论，姑爷在新婚之夜拂袖而去，大小姐与姑爷是有名无实的夫妻。潘梳女实在不敢相信，她心中竟然升起一丝甜蜜和宽慰。她存着一份念想，或许这份念想只是目瞪口呆的徒劳，但毕竟无人破坏。

大小姐的喜事让整个林家上上下下都欢呼雀跃，潘梳女一边祝福着大小姐，一边暗暗叹息。

这一天，她像往常那样在西厢房织布，老板娘忽然走了进来。潘梳女有点紧张，但老板娘一言不发，只是站着。她以为老板娘在审视自己手上的活计，就越发仔细地干活。

“梳女”，老板娘终于开口了，似乎有些扭捏，“这些日子，秀琼挺累的。你大姐夫常常一头扎进书堆，家里的生意、家务，秀琼也需要顾着，加上快要生了，她需要有人照顾与分担她的活儿。”不用等老板娘把话说完，听到这里，潘梳女的心已经开始狂跳了。她只看见老板娘的嘴唇一张一合，以至于老板娘说“秀琼想替你大姐夫娶个姨太太。你们一起长大，想来想去，这个事情只能求你帮忙了”时，她不知所措，想回答，又羞于开口，捏着梭子的手也在发抖。最后，她轻轻地把脑袋一低，几乎看不出是在点头。“梳女”，老板娘嘴里叫着她的名字，“不愧我一直把你当成林家的女儿，你放心，我们一定给你安排妥当，让你风风光光地出嫁。”

○ 账目收支就交给了潘梳女

○ 潘梳女梦想达成，风光嫁入萧家

沉默忍耐良久的潘梳女，积攒了十二分的念想，在披上嫁衣的这一刻，终于变成了可以触摸的现实。

娶妾后，身为一家之主的萧老爷开始给这两位太太分配家务事和收支账目了。林秀琼负责家务事，相当于退居二线。账目收支就交给了潘梳女。

不久，林秀琼为萧老爷诞下萧大少。萧大少生下来时不会哭，看见钱，眉开眼笑，算命先生断定这是衣食无忧、逢凶化吉的命相。潘梳女则诞下二公子萧毅刚。萧家富有传奇的故事自此响起了轰隆隆的声音。

在萧条中觉醒

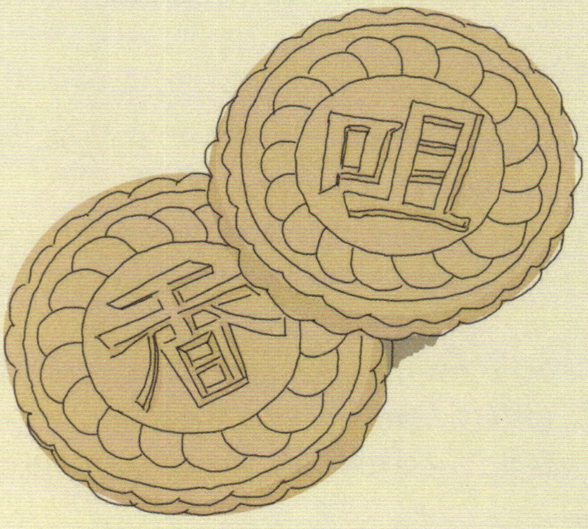

打开床头柜，在柜子里摸索，拿出几件首饰典当是潘梳女近大半年来隔三差五就要做的事情。一开始，她只是拿出值钱的、大件的首饰去典当，后来典当的次数、首饰量递增。再后来，她减少了典当的次数，心里估摸着还剩多少件首饰，还可以支撑多长时间。此次，她犹豫再三，又打开了床头柜，拿了两件首饰出来。看见一旁的萧老爷趴在床上一动不动，潘梳女着急了：“每天睡到吃中午饭才起床，家里都已经这样了，什么都不管！”

“从古至今，男主外，女主内，这个家本来就应该你来当的。”说完，萧老爷转头就让不满三岁的萧大少装烟。

“你之前不是要开饼铺吗？”潘梳女问。

“开什么饼铺，我们萧家世代书香，怎么能做生意呢？”萧老爷缓缓地从嘴中吐出烟圈，屋里烟雾缭绕，熏得潘梳女连续咳嗽了几声。

“起来！”潘梳女一把夺过烟袋扔在了地上……

夜晚，月明星稀，潘梳女穿过院子，回到她住的西屋，打开门就看见萧老爷靠在窗边。潘梳女收拾一番欲眠，他仍然毫无半点睡意。相处多年，潘梳女心中有数，她知道不声不响地抽闷烟是萧老爷唯一的排解方法。

“睡吧，有什么事情，睡一觉再想。”

“我知道，这些日子，我把当家的压力全部放在你一个人身上，真难为你了。”萧老爷突然抬起头很激动地说。

“难也要当，谁让古人教导男主外，女主内的，犯不着你来心疼我。”潘梳女有点赌气。

“我不心疼谁心疼！”萧老爷敲着烟袋大叫。

潘梳女心中的委屈瞬间荡然无存。她默默转过身，对着窗边的萧老爷说：“让我开饼铺吧。大道理我不会说，但是我知道，乱世从政是没有好结局的。可是商人不一样，老百姓离不开衣食住行，就离不开做买卖的人。再说了，我们做正当营生，也不至于坐牢砍头。我是为萧家好，你说呢？”

萧老爷没有回答她。这个夜晚，他失眠了。

转眼深秋如期而至。萧家敞厅前院大门前，积满了层层落叶，却透出一阵阵菊花的芳香。外宅冷清，内院花香满溢。此刻的萧老爷，正在躺椅上闭目养神，突然闻到一阵熟悉的香味，他坐了起来。果然是潘梳女拿着一篮刚烤好的小饼来了。

“好吃，好吃。”萧老爷拿起饼就吃。

“慢慢吃，小心烫嘴。”

“梳女，你真有本事，真不敢相信这是普通的绿豆粉做成的饼。”

“二太太，丝绸店的黄老板、香厂老太太、成衣铺三姨太都催了好几回，问他们订的饼做好了没有？”萧老爷的话音还没落毕，小翠就走到他们跟前。潘梳女把包好的绿豆饼放进篮子里，递给了她。

小翠走后，萧老爷有点失意，半晌，他才开口：“家里日子真的不好过了吗？”

“乡下旱灾，粮食失收，大半年来入不敷出……为了维持家业”，潘梳女顿了顿说，“我把佣人都辞了，只剩下萧绍昌、四姑和小翠。”

两人都沉默了。

“老爷，我们把饼铺开起来吧。”潘梳女鼓起勇气打破沉默。书房的书桌上，摊开的宣纸上写着“穷不可夺志”，萧老爷看了看这五个大字，叹了一口气，轻轻点了点头。

春夏秋冬又一春。这年春天的第一个下雨天，石岐城的居民收到了一张特别的传单，上面醒目地写着：“中山咀香园，家制妙品……”淅沥小雨穿行在鞭炮的焦香中，大庙下整修一新的饼铺上挂着

○ 石岐街头，咀香园饼铺开张了

"咀香园"的匾额，新上的金漆显得闪闪发光。

一开始，萧老爷给饼铺取名"嘴香杏仁饼"，"嘴香"就是在口齿间咀嚼过后的香味，但嘴字笔画太多，不便在小小的木制饼模上刻制。于是，堂哥萧策勋就把"嘴"改为"咀"字。萧家在包装上也下了不少功夫。起先，覃知县"齿颊留香"的提字只是装裱后挂在店铺正中上方，后来，他们把它印到包装上广为流传。所谓"杏仁饼"，纯粹依据饼形而定，杏仁尖在改良中已变成圆形，但杏仁饼的名字仍然沿用。

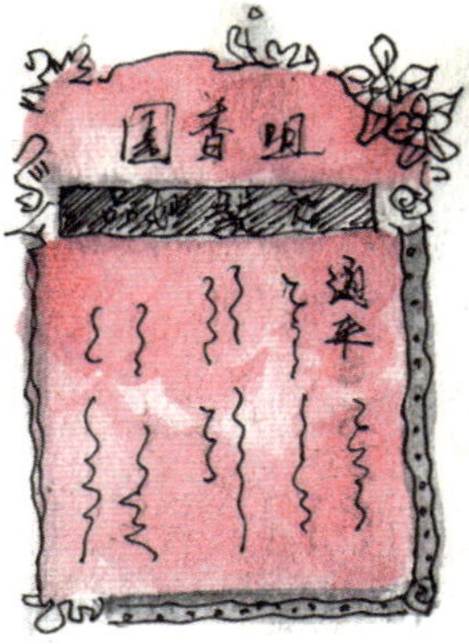

○ 特别的传单

○ 咀香园饼铺售卖场景

○ 咀香园产品——杏仁饼

悬挂着红灯笼的咀香园门口，挤满了黑压压的人群，看热闹的、买杏仁饼的、捡鞭炮的，还有石岐城商业界的知名人士。从前的石岐城商业圈，无非就是几家丝绸店、米店、小百货店。当萧老爷的咀香园杏仁饼铺开张，他就成了石岐城“工商联合会”的大工商业者。

此时，萧老爷面带笑容地站在门口，拱手作揖。而潘梳女，抱着刚满月的萧毅刚坐在柜台后的靠背大椅子上，带着温和的笑意招呼来往的客人。咀香园杏仁饼铺照着潘梳女的想象开张后，就像一股活泉注入日子温吞如水的石岐城。

当其他人慢吞经营，毫无竞争时，萧老爷想出一套奖售办法吸引顾客购饼。当别人疏于勤勉时，潘梳女苦心钻研杏仁饼配方，掌握了制作诀窍。她技术熟练，悉心管理，细致到放在杏仁饼中间的猪肉要用小刀一块块削出来，不准乱刀斩碎。当别人不服气咀香园的生意日渐扩大时，萧老爷却开始把赚来的钱施舍给穷人，修桥铺路。至此，

○ 广东省农产品展览会奖章

咀香园终于在激烈的商业竞争中踏出了殷实的一步。到了民国年间，咀香园更为兴旺。自从连续荣获国内与国际大奖后，中山杏仁饼更是声名大振。据说，孙中山当了民国总统后仍然对家乡特产念念不忘，常托人购买咀香园杏仁饼。他说杏仁饼入口酥松，夹肉肥而不腻，齿颊留香。

民国 19 年（1930），萧老爷因病退居幕后，见证咀香园诞生的萧大少，时年 24 岁，全面接手咀香园。他投入资金六百万（旧币）重新注册咀香园，开拓市场，把咀香园杏仁饼带到了香港和美国。即使在政局动荡，生意萧条，商家纷纷倒闭的日子里，咀香园依然屹立不倒。看见萧大少做生意的魄力及过人的胆识，萧家的老人不免想起他刚出生时见钱眼开只会笑的情景。

不管怎样，萧家的故事开始换主角了。

民国 12 年（1923），广东省举办农产品展览会评比，在香山县送展的饼食中，咀香园杏仁饼荣获省一等奖奖状一张、金质奖章一个。奖章上雕刻着“中华民国”国徽和“广东省农产品展览会”九个字。奖状中有当时的省长陈炯明的亲笔签名和印鉴，还盖有广东省政府的公章。

突遇洗劫

石岐城江边，江声浩荡。

昔日商船深夜方息，清晨复起的景象不再，日本人开始在沿海地区“清乡”。冬日的那天，湿冷阴霾，细雨冷冷清清地落在石岐城的路面。萧大少和妻子李月珍去了澳门探望在洋学堂读书的儿子，潘梳

○ 石岐城里，日旗挂街头

女去了省城进料，林秀琼在后房收拾东西，阿根哥坐在店堂里打瞌睡。他们并不知道被百姓称为“黄皮狗”的日本宪兵队，此刻正像一群两眼发光的饿狼，直接向咀香园扑来。

有时候，最悲壮的事情发生时，许多年后你记得的，反而是听起

来如芝麻蒜皮的小事。对于那天“黄皮狗”的打砸抢烧，阿根哥记得最清楚的不是自己满口鲜血淌出口角，而是一包包被扔出大街的杏仁饼沾满了泥水。

沉寂已久的孙文路似乎被搅了个遍，大卡车突然而至，停在了咀香园门口。十多个日本兵蹦着冲进了店里，明晃晃的刺刀在长枪上。阿根哥从睡梦中惊醒，还没反应过来，宪兵队队长一大刀砍到案台上，吼道：“老板！老板呢！”

“老板不在，你们干什么！”阿根哥看来者不善，着急回应。小队长二话不说，立马把阿根哥拖到后楼的天井间。被摔了几个跟头后，阿根哥鲜血直流，头晕目眩，瘫倒在地。林秀琼在房间听见声音不对劲，手脚发抖地跑出来。眼前这一幕是她无法想象的：柜台抽屉、橱门敞着，日本兵的长枪挑着杏仁饼，一包包甩出大门，混在泥泞中像一堆废弃的垃圾，只剩杏仁饼的价牌在半空中摇晃。当日本兵把杏仁饼搬上卡车时，林秀琼猛然醒过来似的，扑上去想抢回来。她哭着骂着：“你们这群‘黄皮狗’‘冚家铲’，抢我们家的东西，给我放下！”平时看似懦弱的林秀琼，不知从哪里来的勇气。日本兵听不懂，只是一顿暴打。雨水、汗水、血水已经分不清，她口中还在骂着：“‘黄皮狗’‘冚家铲’‘打靶鬼’……”临走前，宪兵队又转了一圈，发现只剩一个在地上哭骂的老女人和一个瘫倒在地的伙计，便扬长而去。

短短半个时辰，咀香园已被日本兵搜刮干净。那些早已听闻洗劫风声又不敢出家门的人们，从各个地方涌出来，看着咀香园的店面，议论纷纷。有人过来扶起阿根哥，有人扶着林秀琼到九曲河桥边清洗身上的血水。当人们看到萧大少和林月珍在孙文路的拐角路口出现时，就拉着他们快步往店铺走，萧大少只听到七嘴八舌的声音不约而同地说：“咀香园出事了。”

林秀琼佝偻着身体，额头渗着血，坐在角落。阿根哥一脸呆滞无助地看着大太太。一看到萧大少进门，林秀琼嚎啕大哭，似乎要把一生的委屈都哭出来。后来，萧大少已经忘记自己是如何拖着沉重的步子走进店堂，以至林秀琼和李月珍两个女人的嘤嘤哭声都被他忽略。四顾不堪入目的店堂，地上还撒着些绿豆、糖和猪肉，萧大少走在前头，店员都跟在后面，谁也看不见他脸上的表情。突然，他转过头来，眼眶分明泛红。大家都沉默了，没有人再敢发出一点声音。萧大少竟然笑了，大声对大家说："过去就好了，咀香园还是咀香园，都散了吧。"

○ 日军洗劫过后，林秀琼常常一个人坐在院子里发呆

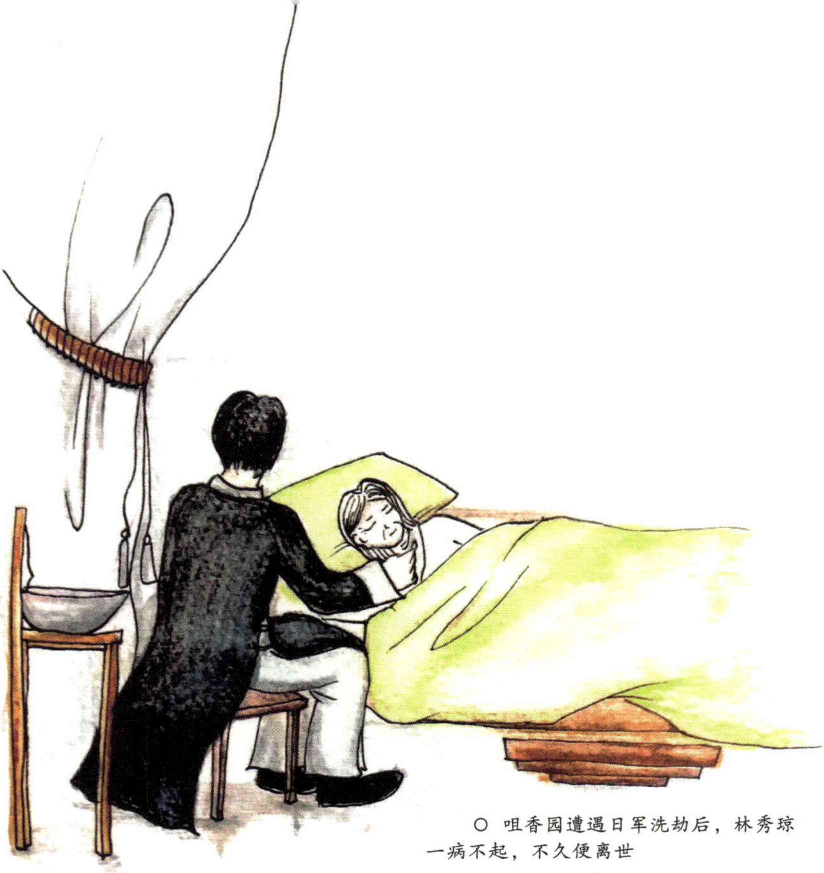

○ 咀香园遭遇日军洗劫后，林秀琼一病不起，不久便离世

后来，亲生母亲林秀琼一病不起，萧大少亲手合上她的眼睛。这个女人，脸麻却心如明镜，默默隐匿于萧家大屋里，守护着咀香园。人们开始在私底下议论，咀香园惨遭重创，再加上林秀琼的离世，萧大少很有可能一蹶不起。但不久之后，人们又看见咀香园装修一新重新开张，萧家开始广置房屋地产。四十岁的萧大少埋头苦干，用行动击退所有流言。

百年咀香园

“花来岭南无月令，豆到中山有杏香。”

时间永远分岔，在平行、交错、汇合中扑朔迷离，形成一张复杂的网，又通向无数的未来。当我们翻阅咀香园的百年光阴，留下的种种都在向我们陈明，日期的背后交织了人的选择、决定、欢笑、痛苦、奋起反击、回忆抑或希冀与畅想。

1948年出版的中山《建中日报》上，咀香园的“打假”广告醒目得很：“本园在中山石岐创制杏仁饼垂三十年余，素以出品精良深得中外人士赞许，畅销各埠有口皆碑。近查有无耻之徒竟冒用本园名义，在省港澳各地设店仿制图利，殊属刁狡违法。本园用梅鹤商标先后在经济部商标局注册，国内外各地并无设支店及代理惠点，诸君幸留意焉。”

○ 咀香园1928—1948年使用的梅鹤商标

咀香园杏仁饼当年的畅销程度由此可见，更难能可贵的是，咀香园杏仁饼的品质从未因产量、名气发生过改变。上乘的绿豆原料，经冲洗、烘干、慢火炒熟、去皮、磨成幼粉后，再以糖腌肥猪肉片为夹心（肥猪肉片只能取自猪的背部，而一头猪最多只能取 5 公斤背部肥肉），最后再用砂糖浆捞成湿粉。当年的咀香园仍然是家庭手工作坊式的生产，用炭炉烘熟，但有瑕疵的杏仁饼都不容许流入市面。食客最后吃到嘴里的杏仁饼，个个松化甘香。

当年，不少侨胞把杏仁饼带到海外。很多人品尝后对杏仁饼念念不忘，想把杏仁饼当作家乡特产送给亲友，便要求批发到外埠代销，但萧家都一一谢绝了。即便如此，不少华侨仍然不断来款。萧家只好进行登记，把杏仁饼寄到香港金山庄后，委托其转寄到外埠。

直至 1935 年，咀香园杏仁饼作为正宗的中山特产，参加在美国檀香山举行的国际食品展览会，一举拿下“金鸡奖”后，声名大噪。如雨后春笋般纷纷冒出来的是无数规模不一的咀香园杏仁饼店，单单中山就有数十家，更不用提香港、澳门、广州，乃至广西梧州出现的咀香园饼店了。咀香园只好刊登“打假”广告，一连 25 期。

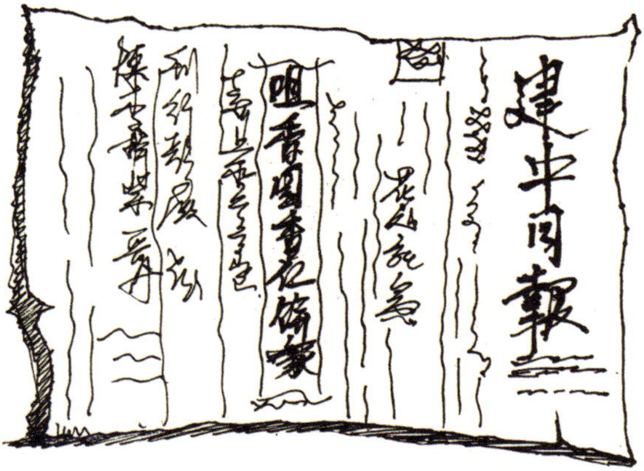

○《建中日报》上刊登的咀香园“打假”广告

○ 1935年，国际食品展览会举行世界饼食展览及评比活动，咀香园杏仁饼获“金鸡奖”

1948年，杨悦生15岁。5岁那一年，他第一次吃到杏仁饼。从那时开始，杏仁饼就是他心中的美味。不久，战争爆发，中山沦陷。战争年代，没有生活，只有生存。将近十年的时间里，他再没有吃到杏仁饼。但他仍然记得，重遇杏仁饼时，似是滋味又胜过滋味，混杂了他对童年的怀念，世事沉浮中的坚韧、信念和久违的慰藉。

“记得那年代一个月有好几次的防空演习，我在防空洞里吃的只是杂豆做的‘备战饼’。刚入厂时偶然尝一些不符合出厂要求的‘次饼’，已经觉得特别香口。”咀香园的卢炜森师傅也有同样的怀念。那时，杏仁饼只在有分量的场合才出场，比如单位纪念日、茶话会，送礼或是婚宴。那个年代的婚宴是朴素的，准确地说，更像一个茶话会。用几碟杏仁饼、一些茶水招待好友，公开婚讯，分享喜悦，再花5分钱办一张结婚证书。杏仁饼在婚宴上扮演的重要角色，是今天难以重现的，人们总是抢着吃杏仁饼。特别是在食物匮乏，日子分为有猪肉的和没有猪肉的时，杏仁饼中间所夹的肥猪肉，让无数人垂涎三尺。

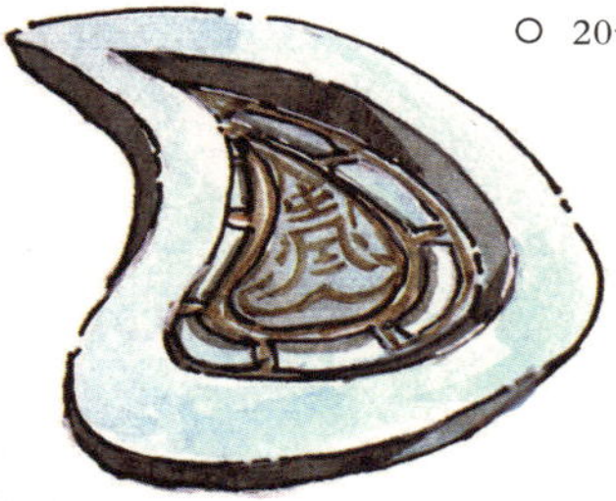

○ 20世纪20年代的杏仁饼饼模

○ 咀香园曾用过的包装

○ 民国时期的咀香园饼印

在新中国成立初期（20世纪50年代），中山糖果糕饼业再现生机，咀香园在同城竞争的饼家中仍然光芒四射。《石岐饼食业一九五三年全年营业额明细表》就说明了这点：1953年，中山县石岐饼食业共63户商家，全年总营业额为105.6亿元（旧币），平均每户为1.68亿元（旧币），但仅“咀香园”一家的营业额就为3.35亿元（旧币），领跑同行。

2016年，一个离家多年，在外漂泊的中山女孩告诉我们，她第一次吃杏仁饼的时候，咬到中间那块猪肉，冰冰凉凉，觉得特别香甜。她永远忘不了小时候家人买回家的杏仁饼。有罐装，有盒装，罐装是红色的，上面有黄色的格子，家人不舍得吃，全留给了她。她也不舍得吃，跟小伙伴在外面疯玩，累了以后，吃一个，数着数，攒着吃。等吃完了，红罐也不舍得扔，就留下来放自己的小玩具。她也忘不了，妈妈无论是上班还是外出，因担心自己低血糖，总会在包里放几个杏

○ 罐装杏仁饼

○ 盒装杏仁饼

仁饼……后来，她离开家，独自在外，想吃杏仁饼的时候，就上网买一些存起来，慢慢吃。每次看到杏仁饼那个经典的橙、蓝、黄、绿包装盒，就像看见了家，看见了旧时光，看见了欢笑，看见了真情。

出产之初，杏仁饼是山珍海味中的点缀，是达官贵人们茶余饭后的零嘴，但对于食不果腹的穷人，杏仁饼又是一种奢侈的念想，是遥不可及的美味。在动荡的战争年代，杏仁饼抚慰了无数受伤的心灵。对于在外的游子，它又是家的代名词。物转星移，沧海桑田，咀香园杏仁饼是这座城市迁移的人群的味蕾集合，是传承着的活传统。

老字号的前世今生

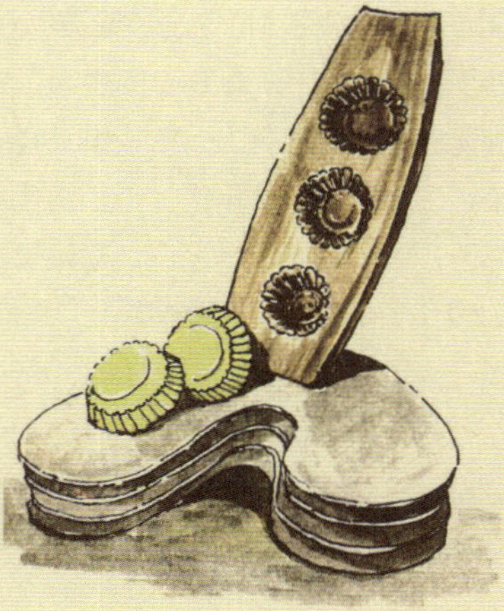

咀香园创始人萧老爷或许从未想过，原本存留在知县大人笔下的“齿颊留香”会变成一个客观事实。杏仁饼漂洋过海，走遍世界。老人看到它，想到幸福；游子看到它，想到家；年轻人看到它，想到品质。他或许也未想过，只为帮补家计的咀香园会变成后来一代一代人的坚守，不起眼的家庭小作坊能在错综复杂的商业世界里面生存下来，在百年后成为现代化企业，成为中山仅有的两家“中华老字号”之一。顶着“中华老字号”招牌的咀香园，不是“倚老卖老”地生存下来的。中华老字号从新中国成立初期涉及零售、餐饮、医药、食品加工、烟酒加工、照相、书店、丝绸、工艺美术和文物古玩等行业的 1600 家，近 70 年已减至 1100 多家，其中 70% 勉强维持现状，20% 长期亏损、面临破产，只有 10% 生产经营效益较好。

咀香园始终与时代同行。无疑，它经受住了历史的考验。

“人生可比是海上的波浪，有时起，有时落，好运歹运，总嘛爱照起工来行，三分天注定，七分靠打拼，爱拼才会赢。”林绮清对这首歌记得很清楚。歌词里所描述的“拼搏”对于他和他的同事，不是白手起家的拼搏，而是他们面临交叉路口时的行动。20 世纪 90 年代初成立的中山咀香园食品工业（集团）公司，跨入了企业体制改革的大潮，1997 年 5 月和 1998 年年底连续两次改制。

尽管看过不少公司改制后的失败，尽管心中有说不出的忐忑，林绮清还是出资 4 万元买下了两股，将他对咀香园在岁月的弯曲中能走出笔直的信心化为有形的支持。1989 年，林绮清第一次走进“咀香园”厂房，应聘化验员。当年的“咀香园”获得了中国首届食品博览会部优产品奖，轰动一时。为了拿货，几里路内都排满了车。

见过咀香园光环的不止林绮清一个。1979 年，知青卢炜森告别了农场，加入了咀香园。在计划经济年代，人们拿着粮票买米、油、蛋、肉、菜，衣裤鞋袜，锅碗瓢盆。企业则统购包销，杏仁饼的生产量有限，有时连自己的员工想买上一盒来应节都很困难。1978 年前后，中国经历着巨变，卢炜森亲眼见证咀香园在短短 4 年内，产量由不足 10 吨飙升到 124 吨。

职工们平凡的信心在改制一年后，终于有了确据，现代商业的逻辑在咀香园身上运行。回头一看，当初一同开始的老字号，乱世浮沉后留下的寥寥无几。

根据中国商业联合会中华老字号工作委员会的数据显示，如今“中华老字号”仅剩 1128 家。2002 年，始创于清顺治八年（1651）的中国刀剪老字号“王麻子”宣布破产；2015 年 3 月，拥有 111 年历史的广州老字号云香楼关门谢客……

“老字号”是世代传承，在大浪淘沙般的残酷竞争中生存下来，但品质仍然出众的品牌。可以说，变与不变的矛盾从它们诞生伊始就形影不离。尤其是当外部环境变幻不定，人们变得越来越健忘时，没有果敢的改变，等待老字号命运的或者只剩定格为老照片中的招牌，变为从记忆中被偶尔翻出的温暖符号。“活着”的命题对于老字号越来越沉重。

但咀香园的轨迹是清晰可见的，她在不断回答时代提出的“难题”。

1949 年，咀香园竞争对手林立。1949 年 11 月 1 日那天，有两个饼家（易味庐饼家和颐味庐饼家）选择同一天登记开业，它们都是咀香园的强有力对手。易味庐饼家注册资本为 911 万元，设址石岐孙文西路 299 号。颐味庐饼家，设址于孙文西路 277 号，后迁到兴宁里 1 号。还有孙文西路 23 号的“惠兴”饼店等也在经营杏仁饼。

后来的事实表明，咀香园的行业翘楚地位未被动摇。1953 年，咀香园（全年总营业额）为 3.35 亿元（旧币），易味庐为 2.53 亿元（旧币），颐味庐为 0.24 亿元（旧币）。后两家的名字已淡出历史。谁在这张“杏仁饼地图”中获胜，显而易见。

○ 咀香园最初的店面

1956 年，政府开始对私营工商业进行社会主义改造。公私合营后，由中山三十多家私营饼家合并而成的糖果商店咀香园加工厂，除了杏仁饼外，还生产饼干、糖果、汽水等，但杏仁饼的受欢迎程度并未降低。1963 年，全厂只完成年度计划的 82%，但单品杏仁饼的生产却超额完成任务，达计划的 156%。1966 年“文化大革命”开始后，“咀香园食品厂”厂名一度被摘了下来，许多人担心咀香园会就此消失。

“文化大革命”结束后，1981 年 11 月，咀香园恢复厂名为“中山咀香园食品厂”，厂区设在长堤路 74 号，是国营企业。咀香园恢复辉煌，到 20 世纪 80 年代中期，咀香园仅薄饼产品在国内市场的份额就占 60%，没有任何销售问题，只管埋头生产。但到了 1997 年，咀香园因种种原因于当年亏损 200 多万元。于是企业改制，建立适应市

○ 园区内的金牌月饼雕塑

○ 园区内的杏仁饼雕塑

○ 咀香园位于火炬开发区的厂房

场经济的现代企业制度。

商业运作中制约老字号发展的体制问题解决了，剩下来的产品、技术、营销、品牌等问题，咀香园见招拆招。2003 年，咀香园搬入新厂区——火炬开发区国家健康基地沿江东二路 13 号，新时代开启了。

迁入新厂房后，咀香园在稳步扩张的同时也加强了成长的“动力补给”。咀香园成立了质控中心、企业技术中心，建立严格的质量检验制度，形成从原辅料进厂到生产的全过程检测。还建立了一支以行业专家为顾问，教授级高级工程师为核心，博士、硕士和高级工程师

为骨干的高水平研究团队。

在企业发展中，人才是一个绕不开的话题。咀香园近年来与江南大学、华南理工大学、华南农业大学、大连工业大学、广东药学院、广东工业大学及广东省农科院等联合开展各类科研项目，制定国家行业企业标准，开发新产品，培养博士后、教授级高级工程师、全国技术能手等各类人才，让产学研合作机制稳定运转起来。不仅如此，咀香园还建立各种平台吸引人才，增强创新力。

新建立的平台有：一室（食品科学与技术国家重点实验室咀香园分实验室）、二站（广东省咀香园海洋烘烤食品院士工作站、咀香园健康食品企业博士后科研工作站）、三平台（广东省焙烤食品产业技术创新联盟、广东省焙烤食品工程技术研究开发中心、广东省企业技

○ 园内长廊

术中心）、四基地（广东省博士后创新实践基地、国家海洋食品工程中心咀香园产业化基地、广东省科普教育基地、全国中小学生质量教育示范基地）。

现今的咀香园厂区还发展出工业游的新项目。游客来到园区，第一步是跟着工作人员学习做杏仁饼。木制饼模、磨好的绿豆粉早已准备好。把磨好的绿豆粉均匀地铺在模具上，撒上粉，再轻轻地用手掌尾部按压成型。外行看热闹，内行看门道。第一次体验打杏仁饼的人，会觉得原来做杏仁饼并不困难。但是，单单将已经按压成型，没有经

○ 园区内的饼模雕塑

○ 体验制作杏仁饼

过烘烤的松散杏仁饼从模具里取出来，就需要功夫。因为，一不留神杏仁饼就会变样。工作人员会向游客详细介绍打饼前的浸豆、烘豆、磨粉、秘制肉馅、拌料，打饼之后的烘焙、冷却等制作环节。每一个细微的环节，缺乏经验，做不到位，出来的杏仁饼就会差强人意。

体验完做饼后，呈现眼前的是咀香园的历史，包括过去用荔枝木烘饼，冷却，沿街售卖等场景的复原。再往前走，透过工厂玻璃橱窗，能看到生产车间里的工人在专心致志地打饼，速度极快。每天几十万个杏仁饼，就是这样，经他们娴熟之手而出。游客最喜爱的环节是品尝新鲜出炉的杏仁饼，热度恰到好处，香气袭人。

历史与现实，瞻前与顾后，最初与未来，在厂区的“游览长廊”里交织。昔日萧家为谋生计开始的小作坊摇身变成现代化企业，它是活着的传统，是活着的“人情纸风船”。

○ 咀香园饼模

从 1918 年到 2018 年，咀香园陪伴了几代中山人的成长，让“齿颊留香”的韵味世代传承。从老石岐的饼铺到高新区的百亩园区，咀香园沐风栉雨，完成了百年蜕变。

2018 年，咀香园迎来“百岁生日”。历经百年发展，咀香园已成为设备先进，配套齐全，集产品开发、生产、销售、连锁专卖、旅游于一体，初具规模的中型健康食品生产现代化企业。

从一粒莲子说起

绿豆温润了杏仁饼，莲子编织了“金牌月饼”。

咀香园选取东北作为绿豆种植基地，湖南作为莲子种植基地，当中大有讲究。东北绿豆和湘莲两种原料，自带历史背景，在长期种植过程中突显它们不被遗忘的传承。

绿　豆

中国人对五谷有着特殊的感情。五谷者，种之美者也，中国漫长的农耕文明让主食粮食成为我们日常生活朴素的一部分。《白鹿原》曾经描述过一段灰暗饥荒的日子，因为大旱，饿殍满地。后来，雨水终于穿透人们的绝望落下来时，地上的苞谷顽强疯长但仍泛绿，饥饿的农人就将苞谷捣碎成粉，与野菜一同熬成粥。热气腾腾的粥进入农人的肠胃时，一切都活过来了。这道坎里，粮食救了命，也滋润了人心。

绿豆，味甘性寒，绿属木，谷属土，豆属水。有人说，绿豆在1000年前从印度传进中国。后来有人在云南发现了绿豆的种植史痕迹，又认为绿豆起源于中国。不管如何，小小的绿豆融入中国的前世今生已足够长久。

春温、夏热、秋凉、冬寒，在四时更迭中，万物春生、夏长、秋收、冬藏，古人“因人、因地、因时膳食”的思想在绿豆的膳食中也表露无疑。

○ 绿豆，味甘性寒，绿属木，谷属土，豆属水

古时候没有冷气，古人就用绿豆汤消暑，度过了“困人天气日初长”的夏天。对此，明代李时珍的《本草纲目》中记载：“绿豆磨之为面，澄滤取粉，作饵炖糕……有解诸热、补益气、调五脏、安精神、厚肠胃之功。”再加上“药食同源”的法则从未失落，绿豆被制成了不同风味的绿豆糕，清乾隆《吴郡甫里志》称它为“里中佳制”。现在看来，杏仁饼与绿豆糕口味不同，但有着同样的饮食品位，别致精巧，智慧老道。

汕头樟林古港，明清时是“红头船”穿梭交汇的地方。潮汕地区有中秋节吃糕点的传统。当地的妇女，心灵手巧，先用清水浸泡绿豆，清洗干净，脱去豆衣，蒸熟晒干，研磨成粉，然后添加白砂糖浆，用猪油搅拌，再揉搓成糕状。传统的饼模有“福”“禄”“寿”字，还有“寿桃”“菊花”“双石榴”等样式，豆沙、芝麻末、花生仁等糕馅也是边按压边放进去的常料。制作好后，经蒸熟，糕点清香扑鼻，晶莹剔透。除了樟林古港的绿豆糕，还有潍坊景芝绿豆糕、京式绿豆糕、

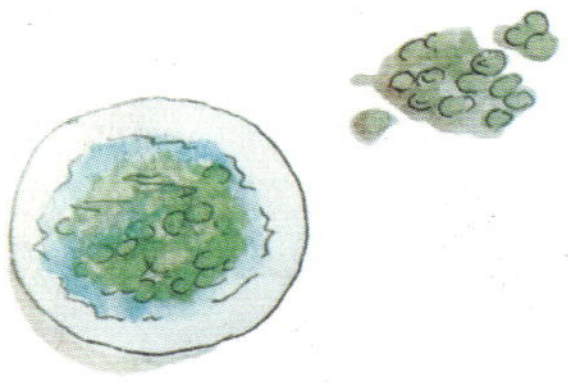

①用清水浸泡绿豆

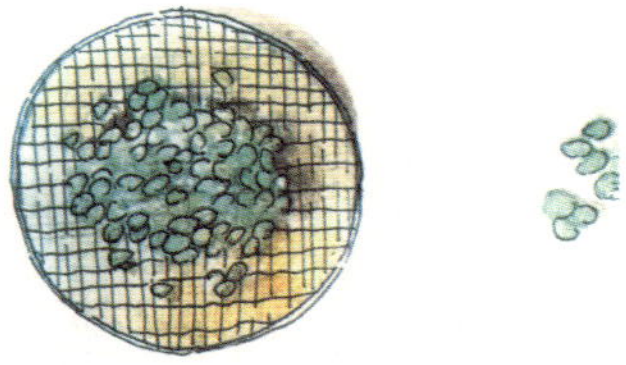

②将已脱去豆衣的绿豆蒸熟晒干

③将绿豆研磨成粉

④传统的饼模有“福”“禄”“寿”字

○ 红头船

苏式绿豆糕、扬式绿豆糕等，它们或新鲜爽口或甜而不腻。绿豆糕从北到南的存在都证明它的受欢迎程度。

除了制作成糕点，绿豆也是一种绿肥。在春夏种植的绿豆，当收获种子后，它的茎秆翻压后可作绿肥。对于植物的生长，绿肥就像翡翠般珍贵而又不具攻击性。贾思勰早在《齐民要术》中就有记载："凡美田之法，绿豆为上，小豆、胡麻次之。悉皆五、六月概种，七、八月犁掩杀（遮盖）之，为春谷田，则亩收十石，其美与蚕矢、熟粪同。"

至此，绿豆的性情似乎被勾勒得越来越立体，本性甘寒的绿豆，却能温润如玉，不争不抢。

东北土壤肥沃，水热组合合理。绿豆对土壤的要求不高，所以农民常将大豆、葵花、玉米等经济效益高的农作物种在肥沃的土地里，而把绿豆种在相对贫瘠的土地里。但在专业的种植基地，土壤的肥力、透气性好，蓄水保肥能力强，也不会出现盐碱过大、低洼易涝的情况。

相对于缅甸绿豆，东北绿豆颗粒稍大、饱满，而且基本上是绿色的豆子，甚少像缅甸绿豆那样掺杂着黄色的籽粒。蒸煮入口时，东北绿豆容易煮烂，但缅甸绿豆却不易化渣。因此，对于制作杏仁饼的绿豆粉而言，东北绿豆是一个很好的选择。制饼师傅蒸制绿豆的火候把握更得心应手，亦能减少因绿豆粉研磨太粗，颗粒突兀的情况。绿豆的研磨程度也会极大地影响它与白糖混合的比例，进而增加口感的不确定性，糖加多了腻口，加少了显寡淡。

几场小雨后，农民开始抢种绿豆，"三犁川打垅"，这样一来，全苗和小苗的根系能早生快长。农谚说："绿豆一棵小豆一窝。"有经验的农民会对绿豆进行及时间苗，让绿豆种植保持合理密度，间小留大，间杂留纯，间弱留壮。

3 个多月后，当黎明的光送来早晨，农民早早察觉绿豆的荚果渐渐变成褐黑色。他们趁着早上的露水未干，收获绿豆。采收后的豆荚经晒干、脱粒、清选便可收入仓内。收获的时节里，满眼都是油亮亮的绿豆，一派"食中佳品，济世长谷"的光景。

湘 莲

大暑过后，湖南湘潭的种莲人家开始忙碌起来。

满眼莲花的莲田，游人看见的是莲花的美姿。闻着扑面而来的香气，游人幻想的是划着桨，撑着篙，以及《西洲曲》唱的“采莲南塘秋，莲花过人头。低头弄莲子，莲子清如水”画面，而种莲人看见的是需要收获的莲子。

中国有四大著名莲子，福建建宁县产的建莲，浙江武义县宣平产的宣莲，江西广昌产的赣莲以及湖南省产的湘莲。湘莲比其他莲子更加粉糯，是做莲蓉馅料的首选。“湘莲”二字在南朝江淹的《莲花赋》中已经出现，其中记载道：“着缥芰兮出波，摧湘莲兮映渚。迎佳人兮北燕，送上客兮南楚。”“秋风万里芙蓉国，暮雨千家薜荔村。”晚唐谭用之一首《秋宿湘江遇雨》，用“芙蓉国”来形容身处湖南，被种莲风气感染的千头万绪。

之后，湘莲还被选为贡莲进贡。清光绪《湘潭县志》载：“莲有红、白二种，官买者入贡。”又有：“土贡有莲实，产县西杨塘。既而求者众，土人种者，珍以自用。贡馈者买之衡阳清泉，署曰‘湘莲’。”湘莲的受喜爱程度可见一斑，道光年间更有“圣德恭俭，悉罢四方土贡，湘莲贡亦罢”的记载。

明清之际，湘莲的种植发展到了鼎盛。附近的衡阳小西门因大量种植白莲，不仅留下“西湖十里白莲

○ 湘莲

花”的衡阳八景之一，而且上升到经济层面，有莲子税的名目。清同治十三年（1874）《衡阳县图志》载：“衡阳岁收莲实有税者六千余万斤，斤二百钱，值钱一千二百万。”

莲花开花的时间有早有晚，莲子的收成亦随此。大暑时收获的莲子，因在黄梅天气发育成熟而被称为梅莲，质量不低。立秋至白露收获的莲子，被称为伏莲，果实在伏天发育成熟，籽粒饱满。种莲人一看伏

莲的质量，就可以推测当年莲子的整体情况。秋分到寒露收获的莲子，果实是在秋天里发育成熟的，被称为求子，亦称秋莲。每个阶段的采摘时间都得拿捏得当，采摘时间过早，莲子太嫩，含水量大，晾晒后容易变干；采摘时间过晚，莲子有可能过熟，不仅果皮变得坚硬，而且许多莲子会被吹到水里，造成浪费。所以种莲人家需要观察莲蓬、莲孔、莲子果皮，以判断莲子是否饱满。

○ 西湖白莲花

○ 采莲

采莲人通常背着竹篓，戴着斗笠，在日头还未出来或者太阳即将落山时分出没。全用极富浪漫色彩的坐船方式采莲子，对于采莲人来说是不现实的。在浅水区，他们要一步步踩在莲田的泥巴中，泥泞中可能有水蛭，用手或者用带柄的小钩把莲蓬折下来时，莲梗上的刺亦有可能刺破皮肤。在深水区，则要乘船采收。有经验的采莲人都知道，一个莲蓬大约有三十颗莲子。当他们克服种种困难，采下的莲蓬放满竹篓时，一天艰辛的工作才算结束。

采完莲蓬，先要用刀把莲子外面的粗壳剥开，方能见到里面洁白粉嫩的莲子。莲子从种莲人手中滑下，稍顷，旁边就堆出一个小山般的莲堆。此后，莲子心要被挑出来。莲心味苦，有清热之效。

小小的绿豆、莲子，它们都有各自播种、灌溉、收成的规律。在春夏秋冬的往复里，它们见证着种植者的喜怒哀乐，以及付出的一年又一年的艰辛。看似平常微小的它们支撑了杏仁饼和“金牌月饼”的美味，在我们可知悉的世界里，创造了一次次味蕾的感动。

○ 莲蓬

○ 莲子

小知识

红头船

红头船是指清代潮州（今潮汕地区）从事远洋贸易的商船，船头通常油刷为朱红色。它们从潮汕起航驶向世界，是广东潮汕的一个重要象征。潮汕是红头船的故乡，大多数潮汕先辈为了生存和梦想，乘着红头船远渡重洋。

清代潮州与南洋的航运，是从中暹大米贸易开始的。而早期的大米贸易，都是暹罗船运载。这些船只，大部分由旅暹潮籍华侨经营，船员几乎全是中国人。乾隆年间，准许商民前往暹罗采购大米。潮州很快发展起一支远洋帆船队。现在提到“红头船”，一般会联想到潮汕澄海。

绿肥

绿肥不是传统意义上的肥料，它是指利用植物生长过程中所产生的全部或部分绿色体或者根茬，直接或间接翻压到土壤中作肥料或者起到促进作物生长、改善土壤性状的作用。在中国，绿肥具有悠久的栽培历史，早在公元前就有关于利用所栽培的作物作绿肥的记载。

寸三莲

湘莲之中最优者为湘潭莲子。湘潭莲子不仅栽培历史悠久，而且产量高、质量优，驰名中外，饮誉古今，其中尤以“寸三莲”最为有名。

梁实秋与莲子

梁实秋曾特意为莲子写了一篇文章，当中记载了他在重庆“味腴”宴客，因“湘莲”而生的欢乐。

大家都公认湘莲品质最好，也知道莲子品质不同，各方面会相差很大。不好的莲子，怎么煮也不会烂，又或者是一煮就烂，但是颜色不对，懂行的人一吃就能分辨出来。

当年，有一湘潭人——杨绵仲先生很会吃。席中有一道蜜汁莲子，很够标准。莲子短粗，白白净净，而且酥软异常。绵仲吃了一匙就说：“这一定是湘莲。”有人说：“那倒也未必。”绵仲不悦，唤了堂倌过来，问：“这莲子是哪里来的？”那傻不愣登的堂倌说：“是莲蓬里剥出来的。”众人大笑。绵仲红头涨脸地又问：“你是哪里来的？”他说：“我是本地人。”又哄堂大笑。

味道远在功夫中

浸豆、烘豆、磨粉、夹肉、打饼、烘焙，是咀香园杏仁饼的“非遗”工艺六部曲。

这些步骤说出来可能只需要几分钟，但传承下来却花了上百年。可以说，咀香园杏仁饼的“非遗”制作工艺从诞生的那一刻开始，就是与人相联系的。

卢炜森师傅是现今杏仁饼传统制作工艺的主要传承人。1979 年，他随着父辈的脚步，进入咀香园工作。他家住长堤路附近，每天清晨走路上班。从那时开始，如何让杏仁饼变得更加美味，成为他每天都要面对和思考的内容。杏仁饼原料有绿豆、猪肉、水和白砂糖，用它们制作成酥香又令人回味的杏仁饼，看似简单，实则暗藏种种玄机。

浸豆是第一个步骤。绿豆在水中需被浸泡 4—8 个小时不等，水温、天气像是当中的催化剂。以前的工艺中，天气占据了极大的话语权。在寒冷的天气下，浸泡时间被无限延长。之后，工艺改进，不管是什

○ 旧时装杏仁饼原料的容器

么天气，被浸泡在温水中的绿豆，像是会欢乐地歌唱，它快速吸饱水后，等待被捞起。用筐装好浸泡后的绿豆，便能使其发芽。

之后，有一个微妙的“杀青”过程。在600多度的高温下，一种不愉快的味道逃逸出来。短短几十秒的时间里，师傅需要依靠他的经验，精准地把这个味道去掉。

尽管制作杏仁饼的每一个步骤都是确定的，但当中却暗含了做饼师傅很深的门道。比如，拌料时，湿糖粉、水、油、豆粉的混合比例都是固定的，但不是每个人都能混合出干湿适中的粉团。秘密之一在于水分，而水分受天气影响，因此，人要随天气而适时改变搭配比例。不能准确地判断水的多少会导致出现两种情况：水少了，绿豆粉无法混合；水多了，粉团变“坨”。

高手过招往往是在细微之处分胜负的。手工操作的东西，细微的差别就会造成巨大的差距，差距体现到最后，就是我们平时所说的“味道”。好的味道背后是制饼师傅经验、记忆的积累和情感的投入。最简单的事情用数字就可以说明：8小时的工作制，意味着制饼师傅每天要腰力和手力并用，站着打饼数小时。

我亲眼看见过师傅默默无声、专心打饼的过程。将绿豆饼粉放在饼模上，用掌心将猪背肉压到中间，放上几层绿豆粉，再用刮刀将多余的粉磨走，重复多次后，饼底就会逐渐变得光滑。之后，一只手拿着饼模凹陷部位，另一只手用饼槌一敲，杏仁饼就会自然脱落下来。一个个饼形完整、厚薄一致、花纹清晰、硬度适中、饼底平整的杏仁饼被整齐地摆放好，等待进炉的那一刻。

旧时，杏仁饼用炭炉烘焙。将饼放在特制的筛子上，将筛子放在用泥砖砌成的炭炉上。炭炉里用荔枝木柴预先燃烧，待剩下热力充足的木炭时，便将饼放到炭炉上烘熟。说到底，炭炉最考验的是师傅的功力。炭炉中烘焙一趟得花一个多小时，师傅不能有半点分心，因为稍一不慎，时间一过，杏仁饼就会染上一些奇怪的烟熏味。最好的结果是，完美驾驭杏仁饼烘焙中的水与火艺术，那么出炉的杏仁饼就会松化又透脆。后来，随着烘焙工艺的改进，制饼师傅们研究出一套参数，定制了现在的炉子，使出品变得更加稳定。

○ 旧时浸泡绿豆用的水桶

卢师傅说，从 21 岁开始，他就不断在做重复的工作。一般人觉得杏仁饼成形的过程，就是简单地把粉放到模具里面。其实不然。做饼讲究“火候”，师傅需要准确把握粉团的心情——力度和时间恰到好处时，粉团才会在你的手中畅游，创造出绝妙的口感。许多刚开始学习打饼的人，习惯用蛮力揉粉团，但是绿豆粉“不会听你的”，最后一天下来，只会换来腰酸背痛。

揉粉团真正的秘诀在于用阴力揉。阴力，听起来像是某门武功绝学的术语，悟透了，才会明白。制饼师傅传承下来的手艺，不仅是种种经验，也是一种把握事物的平衡感，手到心亦到，手上的纯熟功夫全来自于心里的游刃有余。

令卢师傅感到最高兴的，还是在咀香园与同事一起工作的时刻。40 年、50 年的老工友在卢师傅眼中显得特别珍贵。时代变迁，起起落落，褪去喧嚣与繁华后，最让人难以割舍的还是付出了真情与真心的地方。小小的一个杏仁饼连接起了人与人的世界。

咀香园杏仁饼传统制作工艺流程图

浸豆

将绿豆用清水浸泡至发芽。

烘豆

将刚发芽的绿豆倒入炒豆锅，不断翻动绿豆，以保证绿豆干燥均匀。炒豆时间以炒熟为准。

磨粉

将风干好的绿豆完全脱壳后，再将绿豆肉放入石磨研磨成粉，粉质要求幼滑。

秘制肥肉馅

选取猪背肉，切成条状，然后放进沸水中煮至熟，捞起冷却后，将猪肉切片，拌糖备用。

磨粉拌料

将一定分量的白砂糖磨成糖粉，倒入桶中，加入适量水使其湿润待用。再将湿糖粉、水、油、豆粉按配方比例混合，搅拌均匀，粉团干湿适中。

打饼

用木制饼模打饼，要打出饼形完整、厚薄一致、花纹清晰、硬度适中、饼底平整的饼。

烘焙

将饼放在特制的筛子上。在用泥砖砌成的炭炉里用荔枝木柴预先燃烧，待剩下热力充足的木炭时，再将筛子放在炭炉上，将饼烘熟。

包装售卖

极致手工的再探索

许多经典都是从无意中开始的。

偶然间烘烤而成的夹肉绿豆饼，终成名饼——“咀香园”杏仁饼。鸡仔饼前身“小凤饼”，婢女小凤灵机一动，成饼风味独特……这些家常味道到了嘴里，想一想就深觉惊艳。常见的材料没有成为乏味的借口，反而在限制中有了饮食创造。当中考验的不仅是人的智慧，更附着了无数人的饮食品位，经由时间，不被吞噬，仍然保有活力。咀香园，从一个小小的杏仁饼开始，后来开发出月饼系列、中式饼点、薄片曲奇，每种味道都值得细细推敲。

金牌月饼

“冬唔（不）饱，年唔饱，八月十五得餐饱。”一句广东俗语可以看出广东人对中秋节的重视程度。在“花好月圆人团聚”的中秋节，与家人团聚，吃过月饼又赏过月后，才算完整过节。作为名词，“月饼”最早出现在南宋吴自牧的《梦粱录》。但在明代《西湖游览志会》中，我们才看到有关中秋赏月、吃月饼的描述：“八月十五日谓之中秋，民间以月饼相遗，取团圆之义。”到了清代，关于月饼的记载不仅数量越来越多，而且月饼的制作也越来越精细。清朝杨光辅写道：“月饼饱装桃肉馅，雪糕甜砌蔗糖霜。”从他的描述中，我们可以看到，当时的月饼与现在的十分相近。

明清时，中秋食月饼的风俗盛行。月饼是应节食品，也是拜访亲友的礼物。需求带来的是生产模式的改变，往日月饼的家庭手工制作演变成专业化的生产。更精美的月饼装点着那个圆月悬空的日子。清人富察敦崇在《燕京岁时记》中记载：“中秋月饼，以前门致美斋者为京师第一，他处不足食也。至供月饼，到处皆有，大者尺余，上绘月宫蟾兔之形，有祭毕而食者，有留至除夕而食者，谓之团圆饼。”

从名词到广式、京式、苏式、台式等各种类的月饼衍生，从中任意拎出一种，都是对历史的回望和探视。

广式月饼，皮薄馅多，具体到数字则呈现得更加直观。传统行规是 3 两 2 钱馅料，7 钱饼皮。外皮以小麦粉、转化糖浆、植物油、碱水等制成，棕红发光。馅心独到，有椰丝、橄榄仁、蜜橘饼、广式香肠、叉烧肉、咸蛋、糖渍肥膘等。吃的法则中，风味往往高于一切。广式月饼形成独特风味的秘诀在于各种呈味物质的相互作用。糖盐互减甜咸，辛香料去肉类腥味，甚至在各异的辅料碰撞中，产生出不同的色香味。经典的风味是，蓉沙类馅料细腻润滑，肉禽类和水产制品类甜中带咸。

迥异于北方月饼，广式月饼皮薄软香，秘密就在于饼皮中加入了转化糖浆。所谓转化糖浆，是糖和水的曼妙之歌，酸性物质是当中的精灵。一般情况下，糖和水混合后加热煮沸，水分挥发，糖水浓度变得越来越高，到达一定温度，冷却，糖就会结晶析出。为了防止糖结晶，制饼师傅煮糖水时，加入酸性的物质，如柠檬酸、酒石精。这样，煮出来的糖浆就是转化糖浆。

咀香园月饼一路探视着广式月饼的轨迹发展进化百年，当中清晰的脉络多半与工艺不可分。一般的糖浆由 50 公斤糖、6 钱柠檬酸、3 两生油、20 公斤水，经火烧后，转变为 64 公斤糖浆。熬制时，师傅不仅应控制得当，防止糖飞溅到镬边，出现“翻生”状况，还要准确地待熬煮时间过半后，将柠檬酸下镬。

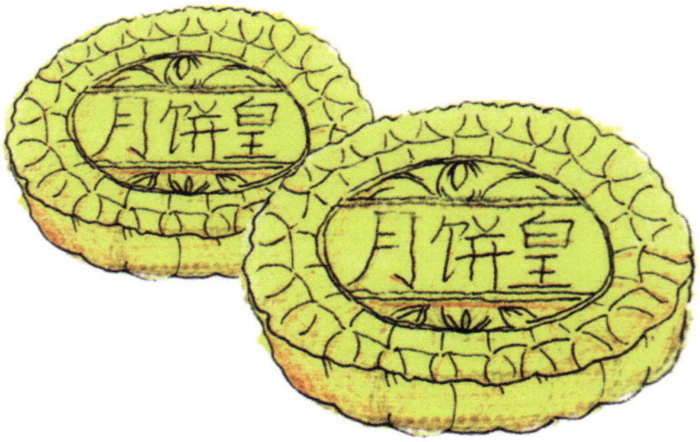

○ 咀香园月饼

○ 双黄莲蓉月饼

咀香园的秘制糖浆，经 2600 小时转化，如琥珀，金黄剔透。

将秘制糖浆、碱水、中筋面粉和低筋面粉按比例揉搓后，月饼皮就制成了。比例得当在此显得特别重要，这看烤好的月饼底就知道了。酸碱比例好、糖浆又熬得好的饼底，分布的针孔小而圆；若是碱度不够，针眼则是尖长扁身的形状；若是碱水下多了，刚出炉不久就会立刻回油，或是月饼发青。制饼师傅把配方置于心中，细微的调整都了然于心。咀香园的“金牌月饼”就是这样点滴传承。

双黄莲蓉月饼是许多人心中难以超越的咀香园经典，莲蓉和咸鸭蛋是精髓。

最初，广式月饼只有清一色的红莲蓉，直至 20 世纪二三十年代，才有蛋黄莲蓉月饼。20 世纪七八十年代，广州莲香楼派人到咀香园学习红莲蓉的技术工艺。说起这段往事，卢叔十分自豪。自豪的来源不是偶然的。咀香园的莲子是顶级的湘莲，个头饱满，色泽圆润，糖度和淀粉量比例恰恰好，长身湘莲香气馥郁。旧时，师傅将 50 公斤莲子、3 两碱水混合，泡走莲子皮，剔去莲心，站在板凳上，用 2 米长棍不断搅拌。铲制好的莲蓉，细腻如绸，色泽柔润。师傅会将它们摊在白纸上刮平察验。“够甘头”（有嚼劲）的莲蓉，干湿度适宜。

○ 金黄流沙的鸭蛋黄

除此，还有金黄流沙的鸭蛋黄。鸭蛋黄，虽是普通，却不平淡。想获得美味的咸蛋黄，就要让鸭子经历一些人间美事。咀香园的养鸭基地，天然无污染。鸭子吃着小鱼、小虾长大，自然产下好的鸭蛋。

鸡仔饼和核桃酥

据美国《华尔街日报》统计，伍秉鉴是近千年来世界上最富有的50人之一。道光十四年（1834），其私人资产已达2600万银圆，并且拥有“怡和行”这个跨国财团。传说，鸡仔饼的故事就发生在他的儿子伍紫垣的家中。

清咸丰五年（1855）初秋某日，伍紫垣接待外地客人，因主厨不在，于是让婢女小凤为客人做一款广东点心。家里一时难以拿出材料，小凤就到广州成珠茶楼，把储存好的惠州梅菜、五仁饼馅搓烂，加上用糖腌过的肥猪肉，再加上精盐、香料等拌和，用饼皮包裹，捏成丸形，稍为压扁，放入炉中用慢火烘烤至脆，取出待客。客人品尝后，舌尖上味觉丰富，甘、香、酥、甜、咸兼有，并且咸中带甜，问是什么饼。伍紫垣就以小凤的名字将其命名为“小凤饼”。又有人传说，小凤当时拿出来的，只是平时私藏的饼干，加上梅菜后，请点心师傅代为烘烤，结果饼干入口松化美味，客人大为赞赏，于是伍紫垣深受启发，取名“小凤饼”。

或许，“小凤饼”只是民间流传的一种点心集合。但不管怎么样，多年后，“小凤饼”确实启发了广州老字号成珠茶楼的制饼师傅。这家茶楼在 20 世纪初月饼滞销时，急中生智，按照小凤饼的制饼方式，将原料运用其中。馅料以月饼、猪肉、菜心混合，调入南乳、蒜蓉、胡椒粉、五香粉和盐。所制出的饼，风味甜中带咸、甘香酥脆。又因它的形状像雏鸡，故称鸡仔饼。

咀香园的鸡仔饼，在保留古法配方的同时，调整原材料的精细度，如采用上乘的植物油、优质的小麦粉，使饼的口感更佳，耐人寻味，嚼劲也越来越好。有层次的香味——蒜蓉辛香，南乳鲜香，肥肉甘香，逐一在味蕾绽放。

咀香园出品的核桃酥也自有一番风味。其松化可口、甘香酥脆，令人回味久远。

○ 鸡仔饼

○ 鸡仔饼

○ 核桃酥

○ 核桃酥

现在，几乎所有传统手工食品都被放在流水线上生产，被无个性地复制，但咀香园仍然坚持传统配方与做法，承载着混合了情怀、情感和信念的味道。对咀香园人，这不仅仅是工艺的累积，还是被保存在配方背后的人的生活和记忆，难以忘怀。

后 记

咀香园的故事开端大概是在一个吃苦的年代，始于一个家道中落的家庭开始的“自救”。他们“自救”的方式是食物，食物的背后可以有宏大的体系——艰涩的语境，与社会思潮、政治的对话。但这个故事似乎与这些都无关。动机明确，用技艺赚钱维系生计，一个小小的杏仁饼就登场了。

假如我没有参与《Hello，咀香园》的写作，或许我并没有机会静下心来探索它带给我，带给这座城市乃至全世界吃过杏仁饼的人的意义。首先，杏仁饼是精致乃至极致的，从原料的种植，多道工序的生产加工，到工艺、技术的改进等，其中所有人的付出都只为了这一个小饼的品质。这样说来，制作一个杏仁饼，像不像一个仪式？它透露出的尊严、华丽感，让吃饼的人每次都能回想起，这是一个复杂、认真、艰辛的事。

接到书稿的邀约时，我正处在人生的一个转折期：刚刚大学毕业。当时的我对世界的认识还很懵懂，有时还带着“莫名的忧伤”，偶尔还会灌自己几碗“鸡汤”。因为突如其来的角色转变，由一个学生到一个职场人，我努力地去摸索我与这个世界的距离和关系，以及面对种种复杂人事物时该保持的分寸感。当然，我吃苦了，因为我的稚嫩、我的执拗。

白天处理完工作，回到家，关上门，就开始写书稿了。有时被贫穷的想象力限制，有时是与疲乏的身体对抗，有时是懒惰与拖延，写写停停。直到有一天，我采访了咀香园的卢师傅。卢师傅“顶职”入了咀香园，从长堤路开始，做饼做了38年，已经不再是当初的少年。卢师傅话语简洁、朴素，但一说起杏仁饼，就透露出他的专业自信。他也是一个吃过苦的人。光是每天站着，巧用力打饼，就让很多人受不了。但是当我问他是什么让他一直坚持在咀香园工作时，他回答说，是真情。之后，我又从不同的渠道，搜集到了咀香园的历史资料。梳理脉络后发现，无论是活跃在其中的潘梳女、萧老爷、林秀琼、萧大少等始创咀香园的人物，还是在咀香园现代企业转型中的人物，都能从他们的身上拎出一条主线——一种信念感。一代人来，一代人走，吃了苦，继续往前走。

在记录他们故事的历程中，我的生活也在不知不觉间发生着变化。褪去了当初的青涩，采访不同的人物，讲述他们的故事。奔波劳累是必然的，但是我想，我需要吃点苦，或者说，是甘于吃苦。没有了父辈物质生活压力的我们，即将要面对的是在这个变幻无穷的世界如何立足。何况，这种吃苦更多是一种历练，历练过后总会有挑战的乐趣。

现在，《Hello，咀香园》终于完稿，非常巧妙地能在咀香园创立100周年之际与读者见面。我希望在这本书里，你会看到历史小传里人物的每一个选择、决定以及他们的欢笑与痛苦，闻到杏仁饼原料产地里野菜和鲜花的芬芳，感受到久违的大自然四季物产的丰盛，体会到咀香园对于品质的执着。同时希望你会记起漂泊在外时，即使网络如此发达，家人仍然要邮寄几盒在中山购买的杏仁饼给你。你吃到的那刻，就想起了家，想起了中山的踏实温暖。我也愿年轻人看得入迷，中年人看得开心，老人家看得怀念。

最后，特别感谢中山出版邀请我加入“Hello，中山”手绘漫画系列的创作，让我记录我的故乡——中山的美好。感谢一直不离不弃，治愈我的拖延症的编辑锐琼及绘画师张玲同学。在此书写作的过程中，吴竞龙先生的《咀香园传奇》一书给予了很大的启发与参考。郭凤屏女士帮忙联络沟通，让我得以与咀香园更多的人员接触，倾听他们的故事。感谢咀香园董事、首席技术官张延杰先生对本书的热爱支持之情，如没有得到他的鼎力相助，不可能有本书的顺利出版。另外，在图书出版印刷前，咀香园技术中心雷敏芝女士帮忙校正、增删、补充，在此均表示特别的感谢。
尽管我还有许多不足，但是未来，慢慢走。

李　莹

2018 年 6 月

尊敬的读者朋友：

您好！看完《Hello，咀香园》，是不是对咀香园杏仁饼的饼香充满想象？想不想品尝一下百年飘香的杏仁饼呢？我们现在就迫不及待地想让您尝一尝杏仁饼的美味了。

希望您在这张纸上留下您阅读后的感受（形式不限，诗歌、短文、绘画均可），然后沿线撕下本页寄到咀香园健康食品（中山）有限公司（广东省中山市火炬开发区沿江东二路13号），注明《Hello，咀香园》收，邮编528437，联系电话（0760）88589020。同时请您不要忘记留下您的姓名，联系方式和联系地址哦。

为了表示感谢，咀香园将在收到您的作品后赠与您精心准备的杏仁饼。

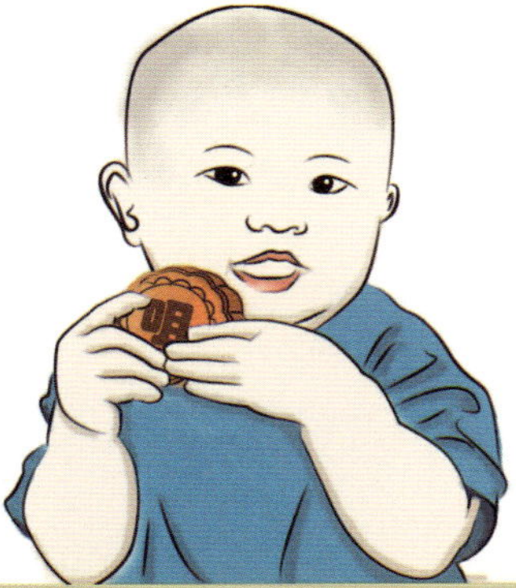